MÁS ALLÁ DE MÍ

Lily Guzmán

CB**H**

Books

Editors: Manuel Alemán and Heidie Germán
Designer: Ricardo Potes Correa

Published in the United States by CBH Books.
CBH Books is a division of Cambridge BrickHouse, Inc.

Cambridge BrickHouse, Inc.
60 Island Street
Lawrence, MA 01840
U.S.A.

First Edition
Printed in U.S.A.
10 9 8 7 6 5 4 3 2 1

Library of Congress Cataloging-in-Publication Data
Guzmán, Lily.
Más allá de mí / Lily Guzmán. -- 1st ed.
p. cm.
Poems.
ISBN 978-1-59835-291-7 (alk. paper)
I. Title.

PQ7409.3.G88M37 2010
863'.7--dc22

2010024061

Dedicatoria

*A Guillermo, esposo, amigo y compañero,
quien pacientemente me ha enseñado
a dejar cicatrizar las heridas*

Agradecimientos

Mi más profundo agradecimiento a Rosita Falasconi,
quien gentilmente colaboró en la revisión de estos versos.

Índice

SEGUNDA PARTE

TERCERA PARTE

Preámbulo

Sin pretensión literaria alguna, he recopilado algunos versos de mi adolescencia, henchidos de sentimientos muy íntimos, plasmados en pliegos ya amarillentos, que por más de cuatro décadas permanecieron olvidados en una caja de cartón, fiel compañera de viajes y mudanzas.

Ahora, al retomar mi vida, dejo como herencia a mis hijos aquel manojo de emociones, compartiéndolo con quienes por distintos motivos, se identifican con la simplicidad de estas estrofas.

La mayoría de estos versos, escritos en los primeros años de mi vida, son infantiles y simples. Otros, algo primarios en la expresión de mi búsqueda espiritual, pero todos desnudan mi alma; expresando un profundo dolor de insatisfacción con la vida que ahora abrazo apasionadamente y sin recelos.

Prólogo

A la memoria de Agustín Martín Cano, mentor y consejero, quien en mi adolescencia, me guió a recopilar mis primeros versos con la esperanza de publicarlos. Fue entonces, que a modo de introducción me entregó el siguiente texto:

Santo Domingo, 1968

Tienen tus versos, joven poetisa, la fragancia suave, la atractiva belleza del brote nuevo, del capullo aún no abierto…

Tus versos escritos porque sí, porque de pronto sentías la necesidad de decir así, sencillamente lo que estaba en ti, lo que estaba aún más allá de ti.

Tus versos lanzados a la vida, nacidos sin grandes aspiraciones, humildemente como todo lo verdaderamente bello.

Aquí están algunos, los que has conservado de tus primeros versos de juventud, los escritos en un momento de tu vida en que la niñez —tan evocada en ti— va quedando atrás y se abre toda una vida nueva con sus dificultades, con sus dolores, con sus angustias, pero también con la esperanza que la llena toda, con el amor, con el corazón que salta de pronto, con el azul, con la poesía…

En tu poema "Hoy" has encontrado la gran solución:

"*... y cerrando los ojos ante Dios me prometo / saturar con amor, el abismo que siento*".

Es la gran esperanza —como son esperanza tus versos— a los que seguirán otros ¿verdad? Porque aún sigue en ti y más allá de ti, la poesía.

Y el capullo aun no abierto ha de convertirse en flor.

A la muerte de la abuela paterna

Estancia Nueva, Moca, 1959

Al vaivén de las olas va la barca,
la barca de la vida ya se aleja
dejando como estela los recuerdos,
de alguien que jamás volverá a verse.

Yo quisiera encallar esa barquita
que deja como estela los recuerdos,
que la ruta que tome se subraye,
que se vista de rojo y no de negro.

PRIMERA PARTE

Simples guijarros

Hace ya mucho tiempo, una niña fue arrastrada por las olas a una playa desierta en un lugar lejano. Probablemente era la única sobreviviente de algún naufragio. No recordaba quién era, ni nada relativo a su viaje. Tampoco sabía si había viajado sola o con otras personas. No recordaba si la nave surcaba cielos o mares y ningún detalle sobre la tripulación.

Se encontró allí, exánime y confusa, prendida a una pequeña bolsa repleta de resplandecientes guijarros que sin motivo aparente consideraba preciosos, ¡tal vez sagrados! Y fue así como emprendió su jornada en esas desconocidas y remotas tierras.

A medida que se aventuraba tierra adentro, iba encontrando muchos tipos de personas: hombres y mujeres, almas viejas y jóvenes, claras y oscuras, negras y blancas, unas alegres y otras tristes, pero absolutamente todas, esclavizadas por amos invisibles.

Continuamente trataba de entablar amistad con quienes conocía, pero todos temían dar de sí mismos y abrir sus corazones en diáfana amistad. Hambrienta de afectos, la niña gradualmente se extinguía.

Amaba la presencia de los humanos y ansiosa por departir, ágilmente aprendió el lenguaje de los nativos. Sin embargo, a pesar de sus esfuerzos y aunque entendía cada palabra del lenguaje, nadie parecía comprenderla.

Las palabras que ellos emitían no siempre significaban lo mismo, las conversaciones eran artificiosas y no lograba descifrar el significado oculto del idioma. Al paso del tiempo la niña se fue sintiendo cada vez más sola, aun estando rodeada de mucha gente.

Pasaba largas horas examinando los guijarros que trajo consigo, imaginándolos piedras preciosas. Eran su única posesión y se convirtieron en fuente de seguridad para ella. Y aunque las piedras no tenían valor alguno para nadie más, le gustaba compartirlas como muestra de gratitud y aprecio por la compañía que raras veces disfrutaba. Pero cuando las mostraba, solo conseguía incitar comentarios humillantes y burlas sobre el valor de las rocas, que terminaban desparramadas por el suelo.

Cuando esto ocurría, llorosa, humillada y sin emitir palabra, recogía sus piedrecillas una por una, las colocaba cuidadosamente dentro del bolsito y huía a refugiarse en las extensas playas en donde había sido depositada por las olas. Se cobijaba bajo el oscuro cielo salpicado por un millón de puntitos luminosos, cada uno solo entre tantos otros, tan solos como ella.

"¿Dónde estará mi hogar?", se cuestionaba.

Donde quiera que estuviera, ¡parecía estar tan lejos! Aferrada al único vínculo con su lugar de origen, se preguntaba:

"¿Por qué nadie es capaz de ver el magnífico brillo de los guijarros? ¿Por qué es que nadie aprecia mi tesoro?

Mantenía los guijarros cerca de su corazón, sabiendo que eran únicos, independiente de la opinión de los demás. Estaba convencida de que un ser Supremo se los había entregado para fortalecerla en los momentos débiles de días solitarios y noches frías e interminables. Los guijarros hacían que se sintiera parte intrínseca de algo superior. Presentía pertenecer a un lugar místico y lejano en donde era valorada solo por ser humana.

"¡Mi hogar!", se repetía. No recordaba cómo era, pero presentía que era maravillosamente apacible, desbordando amor y tácita comprensión. Lo sabía, y los guijarros perpetuaban su certeza.

Un día, mientras caminaba por las interminables playas, conoció a un muchacho que se había aventurado a escapar momentáneamente de sus amos. Y aunque nunca antes lo había visto, le pareció conocido y especial. Al mirarlo, percibió la misma calidez que la envolvía cuando pensaba en su hogar y al escuchar su voz, distinguió el ronroneo de los guijarros en el fondo del mar. Y un sentimiento de añoranza invadió su ser. Empezaron a hablar y pudo comprender el significado total del idioma y sus pensamientos se entretejieron sutilmente.

Hablaron como no había podido hacerlo con ningún otro ser. Platicaron sobre la tierra y sus ríos, las montañas y los valles, la flora y su fauna, de bosques y desiertos, del universo y las estrellas. Dialogaron revelando pensamientos y sentimientos y se aunaron en alma y en espíritu. Saciando su sed, ella quería compartirlo todo.

"Voy a regalarle mis guijarros!", pensó y así lo hizo.

Cuando el joven vio los guijarros quedó extasiado con su belleza y al palparlos se convirtieron en gemas preciosas de inusitado brillo. Conmovido por la deferencia de la joven, apretó las rocas contra su pecho y algunas se incrustaron en su corazón, mientras las restantes formaban un circulo de luz que los envolvió en estrecho abrazo, de cuyo seno fluía refulgencia infinita, intentando desvanecer las tinieblas.

Y fue durante ese místico momento —una sola vez desde la creación del universo— que el mundo se detuvo por completo para contemplar el dulce resplandor que rodeó al par de jóvenes. Y ella vio como brotaba vida y alimento infinito para el alma. Finalmente el poder de los guijarros quedaba revelado. Quienes recibían las piedras absorbían su fuerza misteriosa, pero para alcanzar plenitud debían discernir la magnitud de sus dones.

Nadie sabe cuánto duró aquel momento, aunque entonces pareció imperecedero, y cómo se rompió el encanto es todavía un misterio. Cuando el muchacho se dio cuenta de que estaba allí sin permiso de sus amos lo invadió el pánico, temiendo un gran castigo.

"¿Qué voy a hacer ahora? ¡Nadie debe enterarse de esto! ¡Tengo que deshacerme de estas piedras!", se decía.

Quería huir y ocultarse, pretendiendo reducir al silencio lo vivido. A los dueños de las almas les gusta controlar los pensamientos, las acciones y hasta los sentimientos de sus cautivos.

"¡Nadie se enterará de la presencia de esta joven y sus guijarros!, pensaba.

¡Pero ya era tarde! Algunas piedras estaban incrustadas dentro de su pecho, como signo permanente de un momento de entrega. Permanecía inmóvil y una sublime luz emanaba de su pecho. Temeroso, lamentaba la furia de sus amos. ¡Tenía que deshacerse del mágico resplandor! Y suplicó a la joven que lo perdonara:

—Tengo que irme. No me odies por dejarte sola… Y no le cuentes a nadie lo ocurrido.

Ella se aferraba a aquel momento, como si así pudiera hacerlo perdurar, pero el joven acopió toda sus fuerzas hasta romper los lazos invisibles que lo ataban a la extranjera. Y decidió regresar furtivamente a la vida que ya conocía; una vida predecible y segura, protegida, salvaguardada: esclavo.

La ciega desesperación que produce el miedo suele ser aplastante. Él nunca antes se había arriesgado a cuestionar la autoridad de sus dueños, pero había escuchado historias espeluznantes sobre quienes se atrevían a sobrepasar la mediocridad de una existencia egoísta y sin sentido. Arrancó de su corazón un puñado de piedras y le entregó a la joven el tesoro ensangrentado. Luego desapareció para siempre detrás de la arboleda.

Todo terminó para la joven mujer, quien fugazmente tuvo en sus manos el poder de cambiar su existencia.

Rechazada una vez más, recogió sus piedrecillas y apretándolas tiernamente contra su maltratado corazón, lloró tristemente. Y frente a la mirada atónita de los habitantes del lugar, que advertidos por el despliegue de luces se habían aglomerado en la playa, aconteció un milagro inesperado: La mujer se transformó en fuente de luz, desplazándose al espacio sideral en un instante, retornando para siempre al Creador del amor y los dones divinos. Y hasta hoy, todos buscan inútilmente por las playas, esperando encontrar piedras preciosas en la arena atiborrada de guijarros.

Adiós

Hoy, ya sabes, me alejo de tu lado
y no te veré más.
Las personas que saben nuestras cuitas,
nunca más volverán
y el perfume fragante de las flores
no podrás aspirar,
porque ellas conocieron mis secretos
y sé que llorarán
y las noches serán mucho más largas,
de oscuro batallar,
sabiendo de tus retos y combates
mucho más te he de amar.

Los astros, peregrinos de la noche,
no me verán dormir
porque mi llanto, por haber partido,
no llegará a su fin
y las brisas que cruzan las montañas
llevarán hasta ti
el perfume de lirios y de nardos
que te hablará de mí
y las olas que bañan estas playas
cantarán mi canción,
porque siempre, doquiera que te encuentres,
tendrás mi corazón
y en las noches, si sientes que la luna

te toca en su fulgor,
sentirás un rayito de esperanza
que inundará tu ser.

Esa luz de esperanza inextinguible
que llevo yo también,
porque aun en las sombras de mi vida
que ya no tienen fin,
buscaré que las brisas, mi esperanza,
me hagan venir a ti.

Caminos

Se extienden a mi vista
mil senderos de luz,
alumbrados por astros,
los que me diste tú.

Hay flores que bordean
las sendas de mi amor,
fueron seleccionadas
por el mismo Señor.

Luces, flores, estrellas
adornan mis caminos,
el cielo me protege,
soy feliz peregrino.

El camino es muy largo
mas me siento feliz,
no hay cansancio ni hastío
cuando estoy junto a ti.

Agradezco tu amor,
hoy por fin comprendí
que la vida no es vida
si es tan solo vivir.

He de ver en las luces
el amor del creador,
en las flores y astros
he de ver su favor.

Y si un día las zarzas
que brotan entre las flores
estimulan el odio
ahogando mis amores,
te pido padre amado
que me tomes las manos
y me hagas recordar
lo que me has enseñado.

Viendo siempre lo hermoso
de la naturaleza,
amar el sol, la luna,
las flores, la belleza.

Caminar jubilosos
por los verdes caminos
unidos para siempre,
ser feliz peregrinos…

Voces en mi cabeza

Perdida más allá del infinito
jugaba con las olas su mirada,
sus brazos enclavados en la arena
como dos inseguras columnatas
y su voz quebradiza entre suspiros
me llegaba hasta el alma…
y decía:

Aún siento, a pesar de los años,
el calor virginal de tu cara,
el frescor de tu amor inocente
tan lleno de luz y de gracia,
la canción de tus manos maternas
que secaban mis cálidas lágrimas
y quitaban de mi alma las penas
con caricias, después…
tus palabras.

¡Qué a tiempo fluían, sencillas,
de tus labios color escarlata!
Y los sueños unían mi vida
y la tuya con lazos de plata.
Eras joven y a pesar de todo
¡sabías ser madre con toda tu alma!
Y esos sueños que un día soñamos,
¿se han perdido en la nada?

¿Te acuerdas de una niña con voz
cantarina y luz en la mirada,
recitando canciones de amor
que en el alma llevaba sembradas?
Sus cabellos… igual a los tuyos…
y tan suaves sus manos de hada…

¿Y recuerdas al niño pequeño
que en sus juegos de infancia soñaba
ser marino, soldado, ingeniero…?
¡Ay mis hijos queridos del alma!
Y noté que la voz temblorosa
con dolor se quebró en su garganta.
Intenté sonreír y tan solo
conseguí que brotasen las lágrimas.
Tocando su mano le dije:
"Ya es tarde".
Y sentada en la roca
me quedé mirando como se alejaba…

De la torre del viejo convento,
se escapó un tañer de campanas
y el lamento lejano del bronce
se extendió por el mar y la playa.
Confundida… corrí hacia el convento
escalando la vieja escalera hostigada
por las olas del mar cada día.
Buscando refugio llegué a la capilla
… sin consuelo lloraba,
al oír una voz inquietante
que sonaba profunda en mi alma,
una voz desgarrada de niños
que desde la nada balbuceaban:
"¡Mamá!".
Y luego… callaban.

Juventud

Despierta a la vida juventud alegre,
te llaman las brisas, las olas del mar,
te llaman los vuelos de las golondrinas
que tienden sus alas sin volver atrás.

Son tuyas las luces del día que nace
al amor vibrante y el ansia de paz,
son tuyas las flores, tuyas las praderas,
tuya la sonrisa, tuyo es el cantar.

La vida se te abre llena de optimismo,
sabiendo que un día harás realidad
sueños que labraron tus manos de niño,
las aspiraciones de la humanidad.

Despierta a la vida que te están llamando
aquellos ancianos que al desfallecer,
ponen en tus manos la antorcha sagrada
en la que arde el fuego de amor al deber.

No apagues la llama de esa antorcha, es vida,
levanta la frente, canta tu canción,
piensa que en tus manos reposa el destino:
la nueva y futura civilización.

Sueños

He soñado en mis noches febriles
con canciones de amor y con palmas,
con la danza tranquila del cisne
y en el alma el amor y la calma.

Con un mundo de ensueños y encantos
en que viven felices las hadas,
de hechiceros, bufones y magos
realizando proezas fantásticas.

En el día nacen mil luceros
sin ninguna persona que espíe
y la noche musita un "te quiero"
mientras dulce la luna sonríe.

No preocupa que las horas pasan,
no se escuchan palabras banales
y los niños que juegan y cantan,
son de luz y alegría manantiales.

Es la vida canción primorosa
que del piano y la lira se escapa,
el perfume fugaz de una rosa…
se percibe, se aspira y se apaga…

Y despierta, aún sueño que un día
en el mundo reinará la calma
y será como tanto ansiamos,
un lugar con amor en las almas….

Soledad

Luz de mis años primeros
que mis jardines floridos
alumbraste intensamente…
Hoy ya siento que te has ido.

Y voy vagando perdida
por las sombras de un abismo,
cruzando ruta y senderos
para mí desconocidos.

Luz que en mis noches oscuras
ahuyentaste las tinieblas,
música que a mis oídos
llegabas con notas nuevas.

Tu ausencia secó las flores
que adornaban mis praderas,
se convirtió en crudo invierno
mi adorada primavera.

Luz de mis años primeros
toda mi vida ha cambiado,
las noches son muy oscuras,
los días todos nublados.

Mi rostro se ha endurecido,
no hay expresión en mis ojos,
de aquellos días felices
tan solo quedan despojos.

¡Ay!, dime por qué te fuiste
dejándome en el vacío
que llevo dentro del alma
con el dolor y el hastío.

Luz de mis años primeros
que mis jardines floridos
alumbraste de tal modo…
Hoy ya siento que te has ido.

Evocación

No existe forma alguna
de calmar el dolor, enfermedad de mi alma…
enroscada, medito en silencio…
Extiendo las manos y no alcanzo nada,

Aún percibo el trinar de las aves
y la brisa que mueve las ramas,
y las gotas de lluvia menuda
salpicando techos, inventado brumas.

Remembranzas de tiempos lejanos
agitan espectros dormidos,
impregnando mis pobres recuerdos
con canciones, efectos, poesías…
miradas tristes y melancolía…

Y quisiera mantenerme fuerte…
Aseguro que ya nunca lloro
pero sin pensarlo evoco mi infancia,
inocentes momentos que añoro.

Cuando nunca viví en la mentira,
fingiendo sonrisas y encubriendo heridas,
incauta reía como ríen los niños…
libremente también sollozaba,

¡Yo quisiera volver a ser niña!,
regresar hasta el tibio regazo
y en brazos seguros quedarme dormida.

Blancanieves… duendes… y cigüeñas…
Reyes Magos de Oriente…
¡Devolvedme al amor a la vida!

Secretos

Sonreí... hice creer que reía,
que todo danzaba a la par con mi risa,
las aguas, el sol, las estrellas,
los cielos, las palmas...

Pero no, mi sonrisa era falsa,
lloré... y conté a los mares
las penas de mi alma,
dije al sol de la tarde quién robó mi calma,
la brisa y los bosques quedaron al tanto
de todas mis ansias.

La luna brillaba en mi noche
y para alentarme
besaban mi cara sus rayos de plata
y el astro del día
también derrochó,
para consolarme, matices de gala
y las olas del mar entonaron canciones fantásticas.

Y yo... no reía
porque no podía
sonreír la boca cuando llora el alma.
Cielo, sol y luna saben mis anhelos,
gradualmente se enjugan mis lágrimas

y aunque me hayan visto llorar sin consuelo
no van a decirlo, observan y callan.
Ellos saben guardar los secretos,
aquellos secretos profundos del alma.

Nosotros

Hay noches que parecen sonreírnos,
tras haber despojado con su mano invisible
las luces moribundas del atardecer rojizo,
sin saber por qué callan nuestras bocas,
ni por qué están entumecidos nuestros labios,
sin saber por qué no respondemos su sonrisa
que parece exponer tantas cosas
que en nosotros llevamos…
solo logramos ver lo que sentimos
en un profundo palpitar,
es el estremecimiento que vivimos
al escuchar el llanto de los niños,
sin poder comprenderlos.

El espasmo que suscita
la mirada elocuente de hombres airados,
la resignación de los desposeídos,
la desesperanza de los abandonados,
es que estamos perdidos en nosotros mismos,
en un absurdo dédalo,
laberinto que sin querer, sin pretenderlo
hemos ido formando,
adentrándonos cada vez más en el abismo
insondable de la nada
que se abre a nuestro lado.

Hoy

Ha llegado el instante de sentir el hastío
pensando que no existe cuanto hemos vivido,
percibo que las cosas ya no valen la pena…
sollozando a escondidas para que no me vean.

¡A pesar de ser joven me siento tan cansada!
Entreveo que mi vida no ha valido de nada
y en mi dolor evoco los momentos vividos
buscando en la memoria eventos con sentido.

Interna en el vacío profundo en que me siento,
recojo algunas flores que va arrancando el viento
y formando manojos aspiro su fragancia…
su perfume despierta recuerdos de mi infancia…

El tesón de mis padres, con lágrimas y risas,
el vivir en familia, dedicación y esmero
y esta vida vacía se llena por momentos…
y cerrando los ojos ante Dios me prometo
saturar con amor, el abismo que siento.

Quién soy

Duele el vacío que en mi pecho siento,
la soledad estando acompañada,
el deseo imperioso de morir por inercia
y al morir renacer como viven las hadas.

Correr mil aventuras, conversar con fantasmas,
residir en lugares donde nadie habitara,
ser libre un solo instante y gozar el momento
de flotar por los aires, retozando en los vientos.

Llevar en mi consciencia la claridad del agua
y en el pecho el fulgor de la estrella lejana
y saltar con destreza el abismo,
que en un campo de lirios sin manchas
impide el encuentro conmigo.

Llámame

Llámame cuando te sientas solo,
cuando sientas vibrar en tus entrañas
la opresión del dolor,
que a carcajadas
se ríe de ti…

¡Llámame!
y llegaré al momento
tan suave como el viento
para reinar en ti.

Yo te ayudaré…
y olvidarás tus penas,
retornará el aliento
desterrando el tormento,
de nuevo correrá
la sangre por tus venas…
y serás para mí.

Muy tarde

Cuando miré tus ojos llegué a creerlos puros,
mirabas las estrellas y en su tenue brillar
tu alma temblorosa se acercaba a la mía…
¡sensación como aquella no sentiré jamás!

Tu voz —casi en silencio— me arrullaba lejana
aunque estabas muy cerca, aunque estabas allí.
Por temor de perderte recé un Avemaría,
pero… ya era muy tarde y tuve que sufrir.

Doblez

¿Por qué quieres reír si tu alma llora?,
¿por qué finges la risa, si al momento,
no puedes resistir tener dos rostros
y te animas diciendo "cara al viento"?

Pretendes engañarte, ¿por qué hacerlo?,
diciéndote a ti mismo que no sientes
unas ansias inmensas de librarte
de las farsas absurdas del ambiente.

Premonición

La tarde en que me habló, ¡cómo explicarlo!
no sé si fue su voz o su mirada...
Fue la primera vez que habló conmigo
y su forma de hablar, ¡quién la soñara!

Solo sé que al mirarle sentí miedo
y unas ansias inmensas de que todo acabara.
Su gravedad, su porte, su voz entrecortada...
me hizo sentir mujer y a la vez niña,
haciéndome temblar amilanada...

Aún recuerdo sus gestos, su sonrisa,
mirada penetrante... sus palabras...
Más no quiero evocar lo que esa tarde
llenó mi corazón de desconfianza
y me hizo sentir la cruel congoja,
certeza de saberme traicionada...
Pero en medio del dolor que aún me atormenta,
Recuerdo con nostalgia su mirada...

Desengaño

De paso por los anchos senderos de la vida,
por caminos selectos, soñados una vez…
deseos inquietantes enclavados en el pecho,
ansias febriles de extensos horizontes,
sabiéndome impotente… sintiendo pequeñez.

Son inmensos los campos, penetrante el aroma
que escapa dulcemente del árbol que planté
en mi tierra pletórica de agua fresca y de soles…
Presiento la abundancia pero advierto escasez,
sé bien que la cosecha no saciará mis hambres,
esta ha sido mi historia, la recuerdo muy bien.

Me aferro persistente a un mundo imaginario,
espejo que refleja la imagen del Creador
buscando paz y calma por todos los caminos,
al validar lecciones tropiezo con rencor.

Mi soledad revive sermones domingueros,
el mandato divino: laborar y ofrecer
pero cuando no puedo entregar cuanto esperan,
o no les satisfago como aspiran también,
se me arropa en reproches con cristiano desdén.

La molestia que llevo no es tan solo impotencia,
es la desesperanza de aquel que desveló
cada noche de invierno preparando la siembra
y al llegar el verano con mal tiempo y sequía
se malogra la huerta que incansable cuidó.

Y el acerbo momento, en que obsequiosa acopio
lo mejor de mi huerta que ofrezco con amor
advierto en desaliento que desechan mis dones
… despilfarran mi ofrenda y pierdo fruto y flor.

Otra vez

Otra vez he vagado sin rumbo…
sin estrellas, ni luces, ni meta
y otra vez el dolor que me invade
me ha llevado por calles desiertas.

He sentido en mi pecho la herida,
el agobio de estar sola y presa
y mis ojos no lloran conmigo…
el consuelo del llanto me niegan.

Amigo

Amigo te estoy buscando, yo no sé dónde te has ido,
te he perdido en algún trecho a lo largo del camino
o quizás en el momento cuando dejé de ser niña.

Amigo de mocedades, de secretos y escondites,
de compartir golosinas y llorar al verte triste.
¿Dónde estás amigo fiel, de amistad fuerte y sincera?
¿Recuerdas cómo luchamos, para que nadie te hiriera?

Cuando camino a la escuela retozando en las esquinas,
me decías preocupado: "llegaré tarde, ¡camina!".
Pero persistías conmigo, tu paso junto a mi paso
nos hicimos mil promesas de fiel amistad el lazo.

Tu nombre... ¡qué importa el nombre!
solo el recuerdo me atañe
hoy era un niño, mañana era otro crío cualquiera.
Eterna y dulce amistad, aunque fuera pasajera.

No eran estas relaciones tan solo por conveniencia,
era el sentimiento puro nacido de la inocencia.
Pasan los años y entonces ¡desbordamos experiencia!
Este me mintió aquel día... el otro narró mis penas...
aquel pisoteó mi nombre... de confiar, ¡ya nadie queda!

Y se va cerrando el alma, el corazón se endurece
y si queremos llorar... las lágrimas no aparecen.
Quiero encontrar al amigo, como a la lluvia de mayo,
que abre la tierra reseca y hace retoñar los tallos.

Quiero creer nuevamente, brindando mi copa llena
de ese amor tan inocente que la mocedad derrocha.
Quiero abrir los corazones de cuantos seres encuentre,
compartiendo cuanto pueda, hacer el bien simplemente.

Siempre esperar lo mejor, lo divino en el humano,
sin pregonar nuestras penas, compartir las alegrías,
sabiendo que por el daño de la mano dura y cruel
disfrutamos bendiciones de cualquier desconocido:
los buenos samaritanos a lo largo del camino.

Paisaje del colegio

Forman cascada multicolor los rayos
que de luz bañan el paisaje amado,
componen una pieza misteriosa
con cánticos de brisas y de pájaros.

Un grupo de palmeras cimbreantes
con mil tonos de verdes y marrones,
evoca la paleta de Velásquez
y unísono compás de corazones.

Los cocoteros cantan con los vientos
que mecen su abanico amarillento,
los frutos atrayentes por su ausencia
hacen pensar en lo fugaz del tiempo.

Allá del framboyán los esqueletos
lloran las hojas que les robó el viento,
se aferran con nostalgia a frutos secos,
dan ganas de llorar; son solo restos.

Árboles que tantas veces contemplé,
que tanto amé por su figura vieja,
¿se acordarán de mí cuando no esté?
o ¿estarán ellos para cuando vuelva?

Paisaje mío dejaré de verte,
¿quién podrá amarte como yo te amo?,
¿quién sabrá contestar a tus palabras
que solo yo comprendo cuando hablamos?

Trozo de cielo cada vez más mío
con tus nubes cual copos de algodones,
quién pudiera plasmar tu azul intenso
¡como lo tengo yo en mis emociones!

El marco artificial de la ventana
reduce tu extensión, paisaje amado,
pero tu encanto nunca se aminora
porque eres para mí algo sagrado.

Testigo de mis años de colegio,
sincero compañero de mis días,
amigo sin igual, con tus colores
mitigas el dolor del alma mía.

¿Quién podrá consolar mis horas tristes
cuando lejos me encuentre del colegio?
¿Qué podrá cobijarme en desventura,
como este pedacito de mi cielo?

Estancia nueva

El cielo se ha puesto gris,
siento que me salta el pecho
cuando oigo caer la lluvia
de agua fresca sobre el techo.

Las brisas se hacen más fuertes
y soplan con valentía,
las hojas del aguacate
columpian y agua desliza.

Siguen cayendo gotitas,
se presiente un aguacero
y van corriendo los niños
a ver quién se moja menos.

La lluvia besa los campos,
se quiebra la tierra buena,
ya terminó la sequía
y se prepara la siembra.

Y pasan los campesinos
con sus "remúas" mojadas,
pero no importa mojarse
cuando la seca se acaba.

En la cocina las chispas
saltan cerca de la paila
y el olor a arroz caliente
se extiende por la cabaña.

Debajo del higüerito
las gallinas se acomodan
y aunque sigue el aguacero
bajo la mata no moja.

Los chorros de agua se escurren
por los declives y zanjas
y me embriagan los olores
de hierba y tierra mojada.

El frío llega a los huesos
y la humedad acrecienta
a medida que se cuelan
suaves brisas por las brechas.

Siguen cayendo las gotas,
van resonando en el techo
mientras busco un nido tibio
en la blandura del lecho.

Tiempos

Los tiempos van fijando
su ley en lo existente,
nosotros apreciamos
lo que no todos sienten.

Están poblando el mundo
nuevas generaciones
y surgen ritmos nuevos
en todas las canciones.

¿Por qué cada minuto
hay vidas que se acaban
y todos aún sonríen
cual si nada pasara?

Nacen niños pequeños,
mueren hombres ancianos
y nacer y morir
es la ley del humano.

Y minuto a minuto
surgen nuevos momentos…
pueden llamarse muertes
y también nacimientos.

Pero siempre ha existido
el abismo insondable
de ignorar lo que viene,
porque nada se sabe.

Como siempre he sentido
el dolor infinito
de no saber qué dicen
los niños con sus gritos...

Vacuidad

Un momento como otro cualquiera,
un momento en que se mira sin ver nada
y se lleva dentro algo triste, al pensar
que en la vasta llanura de la vida
van cayendo los días
cual granitos de arena;
que pueden encerrar un contenido
profundo para el alma,
como también
perderse sin sentido
entre todos los demás.

Y me aturde
el olor del polvo
ya cansado de rodar por el mundo.
El ruido de motores
y el tráfico incesante que hiere nuestros ojos,
ambiente que atropella, propicio para nada
y hasta la brisa que llega
nos parece tan poco natural.

Las voces de los grupos,
de uno y otro y de otro asaltan los oídos,
se clavan en los sesos, nos impiden dormir.
Preocupación del hombre,
horrendamente egoísta, no llega más allá

de lo estrictamente personal.
Y la multitud grita un paralelismo entre todos los hombres,
la gente ya no quiere llamarse gente…
¡y son tan pocas las personas!

Y una mezcla
de lo humano y lo mecánico
deambula por todas las calles
y por la burda belleza de las ciudades.

La vibración salvaje de la naturaleza
se contamina desconsoladamente.
Duele el bajo placer que sentimos
¡al divertirnos tanto!

Y siguen cayendo
una a una las hojas de nuestros calendarios
en la vasta llanura de la vida…
y quedan confundidas, sin sentido,
eternamente inútiles
confundidas unas con otras.

Nocturno I

Noche que lloras y callas
con tus luceros plateados,
con tu rocío misterioso,
con tus luces y tus cánticos.

Noche, tus quejas son mías
y tus lágrimas, mis lágrimas
porque cuando lloro, lloras
y cuando canto, me aclamas.

¡Ay! noche de mis amores,
¡Ay! noche que gime y calla,
¿por qué tu color encanta?,
¿por qué cautivas mi alma?

Cuando avecinas, intuyo
que esperas en mi ventana
para llevarte mis penas
y dejar luz en el alma.

Noche que llora conmigo,
ya presiento que me llamas,
¿temes tanto como yo
que llegue la madrugada?

Llévame siempre contigo,
llévame por donde vayas,
no tengo temor alguno
cuando te siento cercana.

¡Ay! noche azul y fragante
impregnada de azahares,
noche de luces muy tenues
y de luceros plateados,
déjame cantar contigo,
quiero llorar a tu lado.

Nocturno II

Con su mano invisible fue cortando
uno a uno los rayos del poniente
y sin saberlo…
Sin yo saberlo…
fue plantándolos
en lo hondo de mi pecho.

Era dueña de todo,
desde un trono de estrellas
con su frente ceñida por la luna
y dio orden a las sombras
para que todo quedara
a su manera…

Se callaron los pájaros,
el silencio del campo se rompía
con el canto del grillo,
el croar de las ranas
y el suspiro del viento entre las hojas
con silbido inquietante…

La oscuridad tan solo se enmarcaba
con los débiles rayos de la luna
filtrados a través de la enramada;
y fue quedando así… todo a su gusto…
a su manera…

¡Oh, noche! Te he encontrado de repente,
y ahora quedo
subyugada del todo en tus encantos…
No, por favor, no te vayas…
quiero vivir mi vida con estrellas,
con la luz de la luna,
con tus brisas oscuras,
con tus ruidos extraños
y el profundo silencio de tu esencia.
Quiero vivir contigo…
A tu manera.

A Francisco Álvarez Castellano

La casualidad nos trajo ese momento
tan igual como diferente a los demás,
un eslabón más de la enorme cadena,
momento dichoso que no he de olvidar.

… Y una cámara, testigo silencioso,
lo grabó en la plasticidad de su memoria.

Al pasar los días te encontré de nuevo
y fue nuestro saludo, vida, sol, alegría,
los dos a visitar la madre España
los dos a recorrer la patria mía.

… Fue para mí quimera acariciada
y no podré olvidarlo mientras viva

y pasaron los días entonces…
volvieron a juntarnos mis poesías,
aquellas que escribí necesitando
plasmar en un papel trozos de vida.

Fueron un lazo más para estrecharnos
las alegrías del viaje, las poesías…

Todas las coincidencias que nos unen
   hacen llegar a ti mi pensamiento,
   agradezco en el alma tus favores y
   admiración por tu persona siento.

            Eres brújula que guiarme supo
            hacia el mundo sublime de los versos.

Estoy comprometida a superarme,
me diste a conocer y en mí confías,
   deja que te agradezca nuevamente
el llevarme a escribir nuevas poesías.

España me espera

Rompe un timbre el silencio
de una vida tranquila,
monótona, quizás.
Un timbre, una llamada…
Al teléfono. ¡Ya!

Y la sangre se agolpa
en mis sienes,
el corazón palpita
apresuradamente…

Alegrías de sueños que se hacen realidad,
cuentos de fantasía,
cargados de esperanza,
la vida me sonríe.
¿Se puede pedir más?

Se acumulan recuerdos
que agotan los sentidos,
sonrisas, carcajadas,
palabras y canciones,
suspiros contenidos
y un caudal de emociones
al abrir las compuertas
de mi interior, al sol.

Resuenan campanadas
que anuncian regocijo
y los cantos fantásticos
de "vida y esperanza"
vibran dentro de mí.

En mi risa el arrullo
de palabras guardadas
que en silencio murmuro,
por temor a perder
en lo cruel de la vida
o en los mares oscuros...

Sueños multicolores
que pasan incesantes
me devuelven la risa
y el amor de vivir.

¡España me sonríe
con los brazos abiertos
y tiende mil caminos
de luces ante mí!

España, madre tierra,
al fin tú serás mía
y podré conocerte,
comprobar con mis ojos
todas las maravillas
que he leído y buscado
aunque no haya encontrado
cuanto ansiaba de ti.

Porque aquí en lo profundo
de mi alma yo siento
que te llevo clavada
y en la dulce certeza
de encontrarte muy pronto
me siento tan feliz,
que el tiempo y la distancia
que ahora nos separan
quisiera devorarlos
para llegar a ti...

Divagaciones I

Estaba todo igual, sin cambio alguno,
en la esquina un sillón
y en medio de la sala los niños
con sus algarabías y
alboroto incesante.

Y yo sola, entre ellos,
con un dolor inexplicable,
inmenso.
Cúmulo de sentimientos inexpresables,
paralizantes;
el palpitar de un deseo
que no llega a realizarse,
lamento tan profundo que no se exterioriza,
hervidero de ideas inconclusas, quizás…
Porque no me dedico a buscar
en mi propio interior.
Y mi cuerpo, barrera singular
entre las apariencias
y aquello
que muy pocos conocen
y jamás revelo.

Protección frente a la falsedad que advertimos
y luego se concreta en la doblez.
Un vacío lacerante que no puedo articular…

Vislumbro voces que llegan
levemente a mis oídos…
El sonido incesante de los niños jugando,
impulsos nacidos del deseo
que no llega a formularse,
y la represión de mis lamentos…

El esfuerzo consciente por contener las lágrimas;
por no exteriorizar
mis sentimientos íntimos,
o tratar de explicar el dolor
sin saber qué me pasa.

Siento mi corazón hundido entre las penas
y este dolor olvida deberes y bonanzas.
La incesante amargura
arrastra como un río…
Escudriño su origen…
sin atinar su causa
… la vacuidad que sigue penetrando mi alma.

¡Y todo se me antoja tan vano!
hombres juguetes,
mujeres maniquíes,
mundo de coloretes
y crayones de labios,
de música sin ritmo,
alharaca,
noticias amarillas, juramentos en vano,
de ruidos que entumecen
y palabras puerilmente expresadas
que todos escuchamos
pero no dicen nada!

Estamos presos

Quiero un instante
en que pueda verme liberada
de este tictac
que no cesa, que aturde,
que obsesiona.
Busco la alegría de vivir
con la naturaleza virgen,
lejos de toda mecánica moderna.

Ansío ser libre,
soñando sin que nadie pueda romper mis sueños,
que como cintas de papel no importan
en un mundo de máquinas,
recubierto de gris
con perfumes de gases industriales,
cielo ya casi negro…
que ha perdido su azul por descuidos…
y ya no hay campos verdes…

Están todos cercados
con alambres de púa y bloques de cemento.
Pretendiendo ser proyectos de planificaciones
y se ha roto el encanto del entorno
por la exigencia de las construcciones,
constituyendo las maravillas de nuestras ciudades.

Y ya no hay libertad,
es solo una palabra que se grita
en las protestas intrascendentes de los estudiantes
para luego quedarnos siempre esclavos
prisioneros de otros hombres... del oro... del acero,
o de cualquier metal que brille,
oropel más o menos plateado.

Esclavos de dos libras de metal,
del tictac lacerante que jamás termina.
¡Presos!
En la telaraña de acero y mentiras que tejemos
y no nos damos cuenta...
No vemos nuestra celda,
pero estamos
¡irremisiblemente presos!

SEGUNDA PARTE

El ajuar de bodas

Lina vivía con sus padres y hermanos en un pequeño pueblo. Aunque no eran adinerados, los habían educado bajo estrictas normas sociales, inculcándoles civismo, respeto y obediencia para con sus mayores. Era la hija predilecta de Jules, quien hacía cuanto estuviera a su alcance para exaltar las cualidades de su hija, enseñándola a declamar bellas poesías desde muy pequeña; ella consideraba a su padre un amigo y hablaban largamente, compartiendo pensamientos e ideas. Lina pasaba los días abstraída en poesías y música, buscando ver solo lo bello de cada ser humano y enfatizaba un intachable compromiso a la verdad; las pocas veces que tuvo la cobardía de mentir se sintió infame, prometiéndose no hacerlo jamás. Era comunicativa y amistosa y se había ganado el cariño de cuantos la conocían. Jules frecuentemente le aconsejaba tener cuidado al escoger a los amigos.

—Sin tratar a las personas durante cierto tiempo, no puedes saber nada sobre su carácter y el título de amigo, es algo que se debe ganar... Si no eres cautelosa vas a sufrir muchos desengaños. Es la dura realidad —le decía.

A lo que ella respondía:

—Papá, prefiero sufrir por haber creído en las personas, que la vergüenza de haber desconfiado de mis amigos.

A Jules le preocupaba la ingenuidad de su hija porque ya no era una niña, se estaba convirtiendo en mujer.

Lina atesoraba una ilusión. Soñaba que, como en los cuentos de hadas, encontraría un príncipe maravilloso, un noble caballero en quien podría confiar plenamente, convirtiéndose en fieles compañeros por el resto de sus vidas. Desde niña había notado que después de casados, las parejas se enojaban y ofendían fácilmente; que brindaban más amabilidad a las visitas que al ser que habían elegido por compañero.

A excepción de sus abuelos, no había visto matrimonios armoniosos. Las parejas se ofuscaban con la rutina y dejaban de buscar agradarse mutuamente, se faltaban al respeto y rompían las promesas del día de sus bodas. Lina decidió que su matrimonio no sería como aquellos; iba a trabajar incesante para que su relación fuera basada en amor y respeto. Entendía que una buena relación era consecuencia de dedicación y esfuerzos y estaba dispuesta a hacer lo que fuera necesario para preservar el encanto del soñado encuentro.

Pasó su infancia colectando hebras preciosas para hilar la tela de su ajuar de bodas, entresacando fibras de su propia alma: fibras de integridad, honestidad y lealtad, fibras de generosidad, dedicación, compasión y comprensión y muchas hebras de perdón. Afanosamente dedicó sus días a trabajar en el telar, hilando los valiosos filamentos para crear un magnífico tejido. Y una vez terminado, esperaba impaciente la llegada del caballero, deseosa por confeccionar su primoroso ajuar con las perlas, encaje y bisutería que tradicionalmente aportan los novios en las bodas. Y presintiendo su llegada esperaba vigilante.

Entusiasmada, compartía con amigos y conocidos los elaborados detalles del ajuar, su celebración de bodas iba a durar toda una vida. Había creado tanta expectativa, que todos en el pueblo hablaban del ajuar de Lina como si ya estuviera listo. Y aunque no muchos comprendían por qué vivía obsesionada con esa quimera, ni cómo un ajuar de bodas podía ser tan valioso para alguien, todos quedaban extasiados escuchando sus planes y viendo los coloridos dibujos y la tela que había confeccionado.

Y un día, entre lápices, acuarelas, pinceles y papeles arrugados, un apuesto forastero se presentó en su taller:

—Quiero ver con mis propios ojos los famosos diseños del ajuar de bodas de una joven llamada Lina —dijo el joven.

—Esa soy yo —respondió Lina.

Arturo pidió ver los dibujos y Lina gustosamente desplegó la tela describiendo cada detalle; desde el concepto hasta los más finos pormenores del ropaje. Contó que esperaba la llegada del apuesto varón que convertiría sus sueños en realidad, ansiosa por demostrar a los habitantes del pueblo que no era una pobre ilusa. Estaba encantada de que un perfecto extraño, sensato e imparcial, estuviera interesado en sus ideas. En ese ajuar había depositado sus ilusiones, la corroboración de sus valores fundamentales y su futuro.

Arturo dijo provenir de un lugar lejano, a donde no podía regresar. Hablaba de sus padres y cuán inmensamente los extrañaba, incitando la compasión de quienes lo escuchaban. Muchas personas del pueblo comentaban lo amable y educado que mostraba ser. Hasta los propios padres de Lina hablaron sobre Arturo en aprobación y él continuó sus visitas alentando las ingenuas narraciones de la joven.

Pasado cierto tiempo, tras haber escuchado los pormenores del ajuar, Arturo le confió un secreto:

—Tengo cofres atestados con perlas y encajes importados de tierras lejanas, adonde pocos se han aventurado a llegar.

Lina escuchaba embelesada. "¿Qué trataba de decirle el visitante?", pensaba.

Arturo se dedicó a cultivar una amistad con los padres de la joven y se comportaba caballerosamente, aparentemente tenía lo necesario para que Lina pudiera terminar su proyecto; y una tarde les expresó:

—Quiero darle a Lina todo cuanto tengo para que pueda realizar su sueño. Por ella siento algo que no había sentido por nadie... quiero casarme con ella. Y le dijo a Lina:

—Te amo con todas las fuerzas de mi ser, todo lo que soy y cuanto tengo, es tuyo, te lo entrego a ti. Tómalo todo, mis perlas, encajes y piedras preciosas... para que confecciones tu magnífico ajuar... ya puedes terminar tu traje de bodas.

Ruborizada, Lina no supo qué decir. Simplemente, abrió su costurero y empezó a coser.

Y fue así como con solo quince años, Lina se convirtió en la prometida de Arturo. Contentos con la propuesta de matrimonio, los padres prepararon la boda y hubo festejos en la casa. Parientes, hermanos, vecinos y amigos brindaron a la salud de los novios.

Por muchos años y sin decir palabra, Jules había temido que, con su cabeza entre las nubes, Lina acabaría siendo una pobre artista o peor aún, una bohemia desubicada, perdida entre sueños, fantasías y dibujos.

Y aunque no estaba completamente segura de que Arturo fuera el príncipe que esperaba, viendo el regocijo de sus padres, Lina aceptó la propuesta. Confiaba plenamente en su papá, convencida de que siempre señalaría el mejor camino para ella y Jules había aprobado el matrimonio.

A pesar de ser joven, Lina tenía la entereza de carácter necesaria para hacer un compromiso de por vida y Arturo le había prometido un amor eterno diciéndole:

—Seme fiel hasta la muerte y te daré la corona de la vida...

Con esos votos de fidelidad, Lina estaba dispuesta a

consolidar un convenio de por vida. Finalmente podía concentrarse por completo en su ajuar de bodas.

Había observado la terminación de muchos trajes de bodas, anotando las deficiencias de diseño y costura, que según ella revelaban desinterés en detalles y perfección de parte de los novios. Había concluido que el ropaje se rompía tan fácilmente porque después del matrimonio los novios se descuidaban, olvidando que las alianzas deben consolidarse a diario. Atribuía la debilidad de los tejidos a la falta de calidad de las hebras utilizadas en el telar y la fácil rotura, a una costura descuidada y desatención a los detalles.

Estaba segura de que aun antes de comenzar los dibujos de un traje de novia duradero, debía existir un compromiso inquebrantable a la perfección y estaba empecinada en hacer de su traje y ajuar un modelo perfecto. Empezó a cortar el sublime tejido con tijeras de plata. Moldeaba cada pieza tal cual había soñado, bajo la mirada inquisitiva de Arturo, quien solo miraba sin hacer esfuerzo alguno.

Y así fue como iniciaron el matrimonio, Lina pensando cómo hacer que Arturo se entregara por completo y él, conforme con estar allí, simplemente mirando. Aun así, Lina estaba dispuesta a confeccionar el ajuar por su cuenta.

Al principio le entretenía la costura y mantenía su ilusión. Pensaba en el momento triunfal engalanada en su traje de bodas. Se veía rodeada por sus hijos, entregándoles la antorcha ardiente de valores acumulados durante toda su vida. Visualizando el éxito de sus hijos, no importaban los esfuerzos. No paraba de coser. Pero un amargo resentimiento comenzó a invadir su corazón, alimentado por la indolencia de Arturo, y lentamente se fue aislando, perdiendo entusiasmo por la vida.

Algunas mujeres se acercaban al taller de costura a mirar por la ventana y comentaba entre sí.

—Con esas perlas voy bordar mi vestido! Ya tengo

suficiente bisutería y Arturo ha prometido regalarme muchas más —decía una de ellas.

—A mí también me ha regalado encajes… ¡Qué generoso es! —respondía otra.

Lina escuchaba en silencio y la incertidumbre empezó a hacer nido en su pecho. Se resistía a pensar en engaños y sorda a los chismes que corrían por el pueblo, se concentraba en sus labores. Así transcurrieron muchos años.

Con frecuencia, Lina recibía elogios de amigos y conocidos pero les parecían huecos. Lo que ella necesitaba era el aprecio incondicional de su esposo. La muestra de afecto de los amigos la hacía confrontar su fracaso. Había construido su vida alrededor de una quimera: un matrimonio íntegro e irrompible.

Gradualmente fue comprendiendo que Arturo no estaba interesado en ella y sus esfuerzos. Era un círculo vicioso, mientras más trabajaba, más percibía la indolencia de Arturo y se refugiaba en su taller y mientras más se embebía en la costura, tanto más insensible era Arturo en el hogar.

Lo que inicialmente los unió, ahora solo los separaba.

—¡Arturo, faltan perlas y encajes! —le dijo un día.

—¿Por qué me lo dices? ¡Tú eres quien está a cargo de la casa!

—¿Qué has hecho con mis perlas?

—Ya te lo dije, mujer, ¡no sé de qué me hablas!

Lina necesitaba creer en él, de lo contrario, se vería obligada a renunciar a su vida. Y le rogó a Arturo que consultara con sabios y consejeros para construir una buena relación de pareja. Pero ya no se hablaban. Arturo detestaba los enfrentamientos y para Lina era más fácil continuar, sin rendirse, en sus quehaceres. Aun así, algo se quebró dentro de ella y empezó a validar sus sentimientos admitiendo soledad y empezó a exigir sus derechos de esposa.

Pero no fue hasta el día en que Lina paró de coser con total desencanto y guardó su ajuar en un baúl de hierro con candados, que Arturo finalmente expresó sus más amargos sentimientos. Confesó que se sentía atrapado por ella y sus diseños, que aborrecía la tela, la forma del traje y el estilo, y que le molestaba el despliegue de afectos de la gente que tanto ella disfrutaba.

—Me molestan tus amigos y la algarabía que armas en la casa. Mi opinión nunca cuenta para ti. ¡Haces y deshaces sin mis instrucciones! ¡Simplemente me humillas! —le espetó gritando.

A lo que Lina replicó, alzando la voz:

—¡He pedido tantas veces tu ayuda! ¡Y nunca puedes colaborar! ¡Siempre estás ocupado o cansado! ¡No tomas en cuenta mis necesidades!

En realidad, Arturo nunca se sintió integrado al matrimonio, fue siempre solo espectador, le gustaba vivir nuevas emociones sin compromiso.

Tras las declaraciones de Arturo, Lina quedo inmóvil e inmensamente sola. Desde la muerte de Jules ella no tenía con quién hablar íntimamente y necesitaba conversar con alguien de valores semejantes a los suyos. Necesitaba validar sentimientos y analizar las causas de su fracaso. Sus amigos veían la inminente rotura como alivio.

Arturo le exigió devolución inmediata de sus perlas, encajes y bisutería. La decisión era irrevocable. Pero Lina no podía devolvérselo todo sin ocasionarle daños irreparables a su tejido. Cada detalle estaba bordado cuidadosamente, cada perla y piedra estaba incrustada firmemente en las fibras del tejido de Lina. Impaciente, Arturo arrancó sus perlas y pedrería del traje de bodas y rasgó el encaje... ¡estropeando irremediablemente la preciosa tela!

Lina derramó lágrimas amargas por el ajuar y el traje en cuya confección había empleado la mayor parte de su vida. Arturo permaneció indiferente, no le importaba salvar el proyecto que abrazaron tanto tiempo "para toda la vida".

El hombre, en quien había depositado su fe, el que había prometido ser fiel hasta la muerte, rasgó las más íntimas fibras de su alma para llevarse consigo los tesoros que le había entregado en su adolescencia, dejándola en ruinas. Y Lina quedó desolada, solo con las trizas de su ajuar de bodas para continuar viviendo.

Y aunque sé que un día Lina podrá hilar de nuevo, no estoy segura de que pueda volver a bordar con perlas y encajes para hacer otro ajuar de bodas como aquel que soñó en su niñez.

Cuando Lina vuelva a coser, será un traje hecho de luz y ataviado de amor verdadero; más allá de tradiciones o mandatos sociales, inspirado en lo más profundo de su alma de mujer.

Arrepentida
(Enero de 1970)

¡Hiéreme Señor! Quiero sentir dolor
hasta limpiar mis llagas.
Quiero ver como sangran las heridas
purificando mi alma.

Martiriza mi cuerpo, quiero
sufrir con los que sufren.
Llorar con los que lloran,
ignorar por completo
mis vanas amarguras.

Olvidar mi lugar y mi nombre,
consciente de que el dolor
mis culpas ha menguado.
Que en mis manos llagadas haya rosas,
humilde ofrenda del amor cristiano.

Ignorar los placeres del mundo
y llegar a tu reino pensando
que mi tierra es la tierra de todos,
ciudadana del mundo, mi estado.

Oración

Te amo
porque te siento mío,
porque me llegas hondo
y adivinas las cosas
que guardo para ti.

Te amo,
porque dentro del pecho
guardo un nido muy tibio
adonde puedes dormir.

Abrigar dulcemente
todas tus ilusiones,
conservar la esperanza
y cantar mil canciones.

Donde todo se exprese
con música sublime
inmóviles los labios
pues canta el corazón.

Con notas tan divinas
que afloren a los sentidos
y así entregarlo todo
aunándonos los dos.

Que nos transporte a un mundo
de sanas alegrías
con deleite inefable
impregnado de amor.

Y que todo sea nuestro,
nunca lo tuyo o mío,
ya sea grande o pequeño.
¡Permanecer unidos,
entregados a Dios!

Divagaciones II

No sé por qué me siento triste a veces
sabiendo que poseo en esta vida
horizontes abiertos… promisorios
y un manso hogar en el que Cristo habita.

Quisiera dar de mí ¿cuánto? No sé…
a veces pienso que ya no tengo nada,
si cuanto más te entrego en mi derroche
amargamente expresas que no es lo que esperabas.

Me ofrendé sin reservas… inocente,
con el fervor que tanto había soñado
y aun así me reclamas…
¿Qué más quieres?

Insaciable no ves tu despilfarro...
Incesante rebuscas y exigente reclamas,
no sé cómo explicar
que se extinguió mi fuente,
me provoca pesar, siempre pensaba
hacerte muy feliz y crecer juntos
alcanzando el ocaso de tu mano.

Evocación

Junto al fuego del horno silencioso
que abraza en su calor mi hogar amado,
voló mi corazón entristecido
al seno de la casa de mis padres.

Recordé mis anhelos misteriosos,
las ansias escondidas que quemaban,
los más hermosos de mis brotes nuevos
y el viento acariciante abrió mis alas.

Así fui descubriendo nuevas rutas,
misterios que mi mente imaginaba,
tierras y mares transformé a mi antojo
llevando a los desiertos la abundancia.

El calor del hogar llenó mi pecho,
esa llama de amor siempre esperada
y murmuré al Señor casi en silencio:
"Me ofrezco a cambio Dios, no tengo nada".

Hay silencio en mi hogar, paz y ternura,
los ruidos de un motor y gotas de agua,
las lágrimas se asoman a mis ojos…
y vuelve el pensamiento a aquella casa,
donde moran mis seres tan queridos
buscando en el vacío mis palabras…

República Dominicana

Van cayendo los copos de nieve
inventando danzas frente a mi ventana
y esa brisa que los bambolea
me trasporta a mi tierra lejana.

El paisaje cubierto de blanco,
asemeja doncellas violadas,
la pureza en el alma inocente,
el ultraje manchando su cara.

Me remonta a paisajes remotos,
demagogos rasgando la manta
de un país que intentando ser libre,
opresores gobiernan y aplastan.

El paisaje sigue siendo el mismo
pero todos quedamos sin patria…
Esa tierra de frutos espléndidos,
sin inviernos sonríe, baila y canta.

Se resiste a vivir la vergüenza,
violación de las huestes traidoras,
porque el pueblo plantó las semillas
y muy pronto llegará su hora.

Que no importa la espera, tus campos
se engalanan de lirios sin mancha,
la campiña florece en tres tonos,
tu bandera luciendo de gala,
las palmeras ofrecen sus sombras
y te ensalzan cual diosa las aguas.

Divagaciones III

Estuve contemplando los colores del campo
y los pétalos suaves de una rosa.
Yo no pude evitarlo, voló mi pensamiento
y se posó en tu boca,
y el vuelo acompasado de las aves
evocó tus caricias y ternura.
Mis ojos te buscaron anhelantes
en los rayos del sol y en la laguna.

La blanca nube y el azul del cielo,
el vuelo de palomas, las flores y los lagos,
todo lo bello y dulce de la vida
es para mí de tu persona un rasgo,
entonces me pregunto ¿por qué tanta amargura?,
¿por qué me hundes adrede en la tristeza,
rasgando y torturando el alma mía?
Y de repente… ya no siento amor…
es ansiedad lo que en mi ser provocas.

Fe

Señor yo te dedico mis fuerzas, te dedico
cada instante en que siento la certeza de ti
y también los momentos cuando me siento sola
y perdida en angustias, ya no quiero vivir.

Y bendigo tu gracia, cuando después que lloro
zozobrando en la furia, perdonas mis desvíos
y me extiendes los brazos paternos retornando
a mi alma peregrina la esperanza que ansío.

Fantasmas

Por qué siento en mi pecho estas llagas
causadas por espectros inclementes,
misteriosos, recónditos…

Intento ignorarlos
por temor a entenderlos
y ellos… calan,
lo están haciendo ahora…
perforando incesantes,
penetrando mi ser con sus manos heladas,
invadiendo insensibles
lo profundo de mi alma.

Cómo duele este daño
que pretendo ignorar,
cómo intrigan las sombras
que pasan insinuantes
dejando sus negruras plasmadas en mi pecho.

Emergiendo de nuevo prodigando
amargura, soledad abrumante,
sentimiento impotente
y el dolor de sentirme extranjera
entre mi propia gente.

Desolación

Mi vida es un sumario de fallidos intentos,
¿por qué cuando te llamo no respondes?
y solo el eco de mi propia voz
irónico devuelve mis lamentos.

Qué necia fui al pensar que en esta vida
podemos confiar en los mortales,
¿no basta la lección que recibimos
cuando vemos espinas en los rosales?

Qué triste es estar sola… en compañía,
más triste aún cuando uno espera y llama,
la soledad corrompe y se acrecienta
cuando queremos ocultar las lágrimas.

Pero habré de olvidar y en lo profundo
me queda esta lección memorizada:
¡Es mejor poder dar a manos llenas
y acostumbrarse a no recibir nada!

Hipocresía

Reconozco en silencio lo que niega el destino,
la realidad amarga, ¡cómo suele doler!
Hiere, merma, entumece el alma soñadora
que navega los mares con deseos de creer.

Al abordar los riscos la quebradiza barca
se rompen sus velas, sus remos y compás,
mediocridad que impregna este valle de lágrimas,
si es juicioso entenderlo, no lo quiero aceptar.

Regaños

Duele más tu lamento que mi herida…
y el dolor tan profundo que me aqueja,
tal vez por tus miradas que rebuscan
sin importar cuál sea la consecuencia.

Por esto siento que nada te importo
con esa forma sutil de amonestarme…
insinuando tu tan preciosa entrega
como si mis esfuerzos no valieran.

Y ahondas mis heridas, me atormentas…
repitiendo de nuevo que no esperas,
mortifica esperar ser comprendido
frente al mutismo, la cara larga y las quejas.

Elocuente tortura es tu silencio,
más locuaz que mil pliegos de palabras
y no sé si podrás ya comprenderme,
encerrado en tus quejas infundadas.

He concluido que es mejor callar,
reembolsar en la moneda con que pagas,
ya no quiero seguir adivinando
lo que dices con gestos, si no me hablas.

Ironía

¿Que tu dolor no importa?
¿Que me es indiferente tu sonrisa o tu llanto?
No pudiste pensar antes de decir esto...
O faltó fortaleza para poder callarlo,
sabes cuánto me afecta cuanto dices,
cómo lastimas con dos o tres palabras.

Es claro que tu gesto no vislumbra sonrisa,
a tu mueca se asoma solamente el reproche,
yo te miro y sonrío sólo siguiendo un juego,
aferrándome al día y temiendo las noches.

Y en medio de las quejas que quieres expresarme,
no se te ocurre nunca lo que siento o quisiera,
ya sé que no he podido contestar tus preguntas,
en lugar de respuestas solo encuentro tristezas,
agonizar profundo que no se exterioriza.

Mis ideas divagan pero me siento presa...
Tal vez busco en tus ojos mi dolor expresado,
procurando entender mis hondas inquietudes,
quiero importarte en algo aunque no me lo digas,
duele profundamente haberme equivocado.

Al hijo que perdí

Viniste a mí tan suave y dulcemente,
te sentí en mis entrañas
luchando por la vida
y supe que viniste aquellos días,
a dar
felicidad, amor, paz y alegría.

Colmaste mi ilusión,
fuiste un lucero
brillante en el azul de noche y día,
me llamaste "mamá"
sin tener labios,
me besabas, hablabas, sonreías,
¡cuánto te quise!

Aun sin verme en tus ojitos
colmados de esperanzas en la vida
que fue tan corta en ti:
¡solo tres meses!

Pero fue más valiosa que la mía,
te encarnó en mí el Señor y Él mismo quiso
llevarte hasta sus brazos paternales
y pienso, en mi dolor,
que no es la tierra
el lugar de criaturas celestiales.

Un hijo en mis entrañas

Está lloviendo y de pronto…
se enciende el sol en mi pecho,
entona su canto un ave
y va repitiendo el eco
la canción de horas felices,
la dulzura y el consuelo
de una criatura indefensa
que palpita en mis adentros, me hace feliz
y no importa tanta escasez sin dinero.

Dando alegrías a otros
se encuentra y se vive el cielo.
Qué hermoso es sentirse madre,
del mismo Dios arquitecto,
diseñando en mis entrañas
un cuerpo humano perfecto.

No hay dolor que me torture,
no hay soledad ni tormentos,
llevo a Dios dentro del alma
y el milagro de la vida
¡toma vida con mi aliento!

Dormida

Duerme, mi niña, duerme…
que los ángeles cantan arrullando tu sueño,
Duerme, mi niña, duerme,
puedes hacerlo ahora…
No conoces el llanto nacido del dolor…
Acometido aposta por otro ser humano…
De quien tan solo esperas cariños y cuidados.

Duerme,
mientras tu vida se desliza en las manos
del reloj que hace ruidos llamando tu atención.
Duerme,
mientras no sabes lo que es luchar por alguien,
el temor por la vida,
o perder la ilusión.

Duerme, que la sonrisa que esbozas sin saberlo
refleja la tranquila presencia del Señor.
Duerme, mi niña,
mientras puedas, duerme,
que el despertar es duro
y no sé si mañana brillará el sol.

A mi hija Lilita

¿Qué piensas, hija mía, de cuanto te rodea?
¿Qué sientes cuando miras derramando dulzura?
¿Qué piensas cuando muerdes tu perro de peluche?
¿¡Qué sientes cuando miras el sol, la luz, la cuna!?

¿Qué cruzará por esa cabecita inocente?
¿Qué piensas de nosotros, tan grandes, tan extraños?
¿Qué sientes cuando lloras o ríes o gorjeas?
¿¡Qué sentirás y evocarás al paso de los años!?

No te vayas

Si yo no te tuviera
no hubiera días brillantes,
ni noches con luceros
ni sonrisa en mi rostro,
ni esperanza y sosiego.
Cada día aconteciera sin amor,
sin consuelo…
y ninguna ilusión se abrigara en mi alma…

Si yo no te tuviera
hijita que me llenas de esperanzas y ensueños,
ese trocito nuestro que encarnó en mis entrañas…
que llegó a nuestras vidas para bajar el cielo,
tampoco existiría.
Por esto es que pido a Dios
que nunca, nunca,
te vayas.

Oprobios

¿Será el dolor de haber vivido tanto
lo que va entumeciendo los sentidos?
Es no querer llorar y en vez de verter lágrimas,
reprimir los gemidos.
Llanto que nunca escuchará la gente,
la que dice estar tan cerca mío.

¿Por qué, Señor, he de apegarme tanto
a las cosas endebles de esta vida?
Si sé que el bienestar lo proporciona
solo el amor y la entrega desmedida…

Perdóname, Señor, si con mis quejas,
ofende mi egoísmo tu clemencia.
Perdóname Señor, quiero entregarme y
resarcirme en tu benevolencia.

Si otra vez a lo largo del camino
descuido mis promesas nuevamente,
te pido me perdones, Padre amado y
trabajes compasivo en mi conciencia.

Si no razono y me envuelve la amargura
olvidando los dones que me has dado,
perdóname otra vez y no me escuches
cuando brotan oprobios de mis labios.
porque en lo más profundo de mi pecho
bien sabes Señor mío cuánto te amo.

Sueños de hogar

Saliendo de la bruma mi pensamiento vuela
y no por las oscuras campiñas que rodean
mi vida silenciosa, mi vida pasajera
ansiando nuevos rumbos donde correr ligera.

Mi pensamiento vuela por mundos encantados,
por sendas misteriosas pero siempre risueñas,
por los desconocidos caminos recubiertos
de colores hermosos y torres con cigüeñas.

Y en medio de los valles de asentados caminos,
bajo cielos hermosos de un azul impensado,
con flores de colores contrastantes, divinos,
encuentro aquel refugio que siempre había soñado.

Altar donde se queman las ofrendas del día
y se colma la copa que me besa los labios,
rebosando licores portadores de vida,
colmando mis anhelos, calmando los agravios.

Hogar tan deseado, suave, cálido, mío,
el más hermoso signo de la más dulce entrega,
donde no existe el odio, donde no hay egoísmos,
quiero estar en tu seno, quiero entregarme entera.

Y acicalar solícita el más dulce refugio
donde apagar pudieran su sed los peregrinos,
quiero ser fuente pura y el maná del camino,
que no lleve esa entrega ostentación alguna.

Ser un refugio tibio para todos mis hijos,
donde encuentren calor, amor, entrega y vida,
quiero tornarme en fuente inagotable y fresca
que recibe de Dios todo el amor que brinda.

Cansancio

El cansancio me agobia y paraliza,
inútilmente busco darte felicidad.
Ninguno es responsable de hacer feliz al otro,
en cada corazón yace su propia paz.

Descubro que mi esfuerzo ha sido demasiado...
y como es consabido, el exceso hace daño...
Rencores y aflicciones se infiltran en mi ser,
no debiera rendirme, quiero seguir tratando,
hasta que finalmente pueda verte feliz
sin esas caras largas y tus perpetuas quejas...

Si bien un solo instante de armonía y placidez,
libre de los coloquios depresivos que agotan
y el agobio incesante de tu forma de ser...
agresiones veladas que asomas con frecuencia...

Los portazos, los gestos, tu abrumante silencio...
ofensivas hirientes derramas por doquier,
de ti solo esperaba lo mejor y más dulce
y en vez de dar, reclamas, pretendes merecer;
con las demandas buscas encubrir tus deslices,
¡no hay nada suficiente, soy poco para ti!

Pero por más que trates de aplastar mis esfuerzos
no podrás doblegarme, doy lo mejor de mí,
el alma mía reposa, tranquila es mi conciencia...
Sé que al pasar de los años, añorarás volver.

Momentos

Momentos que parecen la obra de un artista
fundiendo caprichoso el barro de las vidas;
de sus ágiles manos surgen formas extrañas,
placenteras y alegres, tristes y taciturnas;
eterno movimiento que vive el alma mía
en lo insondable,
en donde nadie indaga…
por temor a encontrar sentimientos mezquinos,
recelos, pequeñeces o deseos de venganza;
cual obra maquiavélica de máscaras extrañas…
que no exploramos nunca y…
en nuestras almas quedan,
obras polifacéticas,
unas tristes, sombrías, de pobres pinceladas,
con secretos oscuros que se olvidan o callan.

Pero allá en lo profundo,
en un rincón del alma
en donde marchitamos porque falta el amor
que rompe las barreras y acorta las distancias
ampliando el horizonte
y liberando el alma.

En las reminiscencias de momentos vividos
a la luz o a la sombra, enfermizos o sanos,
dolorosos o alegres
reviviendo el pasado,
allí reconocemos favores recibidos
de amigos y de extraños.

Solo en ese momento de dócil mansedumbre,
podremos ser creadores
de nuestra propia vida,
perdonar los errores, olvidar el pasado,
apreciar la belleza que surge día a día
sin temor al mañana…
bebiendo de la copa,
que reboza alegría.

Ofrenda

Toma esta flor papá, es para ti,
simple y silvestre… ¡estaba tan hermosa!
perdida en el verdor de la campiña,
sin pretensión de ser orquídea o rosa,
que recordé el mirar de esos tus ojos
suspensos en las noches misteriosas.

Canto de grillos y voces, a lo lejos,
la radio intermitente en onda corta
el discurso de Kennedy, el rosario…
maullidos y ladridos en lontananza…

Noches de insomnio cuidando de tus hijos,
agobiado por las deudas… desvelado…
mirando acongojado tus ocho pequeñuelos
durmiendo amontonados… sin frazadas,
en las noches frías de Moca.

No estabas solo, siempre te observaba
y lloraba en silencio… muchas veces
empapando con lágrimas mi ropa.

Somos grandes papá, no te acongojes,
se fue la noche, llegó la alborada;
presiento que alcanzamos el momento
de aplacar la tristeza en tu mirada.

Desde el cielo, quiero que enorgullezcas
mirando que abrazamos tus lecciones,
vivir con entereza nuestras vidas
tan solo izando dignidad y honra.

Estás presente en nuestros corazones,
percibo tu mirada en las estrellas,
desde el cielo guiando nuestros pasos
y mientras más me adhiero a tu enseñanza
tanto más fácil alcanzo mis deseos,
anhelando tu presencia… te recuerdo…
Y una luz celestial entibia mi alma.

Mi padre

De noble corazón y alma sencilla...
el rostro fatigado por los años...
su gran inteligencia reflejada,
en sus agudos ojos, al final apagados.

Se supo dar, completa fue su entrega,
nos dio su amor y sueños abrazados,
de días brillantes y nobles sentimientos,
haciendo gala en todos los hermanos.

Soñaba con el mar y las montañas,
fantásticos países de justos gobernantes,
terrenos para todos donde sembrar cosechas
y como buen cristiano, erradicar el hambre...

Por respeto a la vida defendió a los humildes,
confrontó poderosos, luchó contra el engaño,
con escasos recursos se mantuvo muy recto,
sin temor al fracaso, ¡durante tantos años!

... Cual Quijote perdido en su lucha sin tregua,
huyó del medio ambiente...
por no poder cambiarlo.
Y quisieron ahogar sus grandes sueños...
trataron de acallar su justo grito,
doblegar y aplastar su noble orgullo,
y con desdén hubo hasta quien dijera:
"Está loco, Julito".

Buscaba luz, la paz vivió anhelando
y más allá del sol corrió a buscarla,
la sociedad corrupta lo aplastaba,
pero con dignidad llevó la carga.

Guardo en recuerdos su mirada tierna,
su mirada profunda rebuscando
en la mía secretos infantiles;
en su propio decir: "cositas de muchachos...".

Nos inspiró poesías… "Está linda la mar".
Nos inculcó justicia… "Deberán respetar".
Demandó ser honestos, nos exigió luchar...
contra todas las cosas que debemos cambiar.

Pertinaz, su intelecto diligente nutría…
leía y estudiaba en perpetua vigilia
textos viejos y nuevos, argumentos vigentes
trascendentes, locales, obras jurisprudentes.

Conocía los secretos recónditos al hombre,
era una enciclopedia… ¡cuántos temas sabía!;
lo recuerdo leyendo, lo recuerdo luchando...
casi siempre frustrado... entonces, no entendía...
el por qué de su enfado…

Hoy quisiera copiarlo...
porque ahora, más que antes lo admiro
y comprendo su esencia..
me aventuro a decir sin dudarlo,
que pasó por la vida a destiempo...

Su honradez y desdén al dinero...,
su pasión por lograr igualdad y justicia...
Si queremos la paz del futuro,
indivisos tenemos que abrazar
los valores que él quiso legarnos.

Hemos perdido el padre,
pero queda su herencia preciosa:
Quijotismo y justicia social
por encima de todas las cosas...

Y aquellos que apreciaron en él
al gran amigo que supo ser,
le quedaron poesías,
numerosos recuerdos
y en las tardes serenas de Moca...
perfume de gardenias,
tiritar de luceros
y aquellas blancas rosas...
"en julio como en enero".

A Julián

Fuimos hermanos...
nos tocó caminar por cierto tiempo
por los mismos caminos...

Brotaron de la noble y fuerte roca
de espléndidas entrañas
aquellos manantiales
... al surgir de la roca
nos creyeron un río...

Así fue que empezó nuestro trayecto...
nuestras aguas, cada uno,
absorbiendo atributos de terrenos baldíos.

El análisis frío en los tubos de ensayo
pueden decir mil cosas de esos ocho riachuelos:
que allá lejos, a un tiempo, iniciaron su curso
en agrestes montañas de frondosos terrenos
y atardeceres fríos...

Unos buscando valles de tranquilos remansos,
otros, por las vertientes fueron tomando bríos,
otros siguen jugando, cantando en los barrancos...
pero nunca albergamos indiferencia o frío.

Al nacer, manantiales, después solo arroyuelos...
abrigo la esperanza de llegar a ser ríos...
Llevando en la corriente esos blancos guijarros
esencia de la roca de la que hemos surgido...

Ronroneo divino que se escucha en las cuencas...
esa canción de cuna que va siempre conmigo…
hasta volcarnos todos, tras muy largo trayecto
en las aguas del mar, al final del camino.

Bien sé que la abundancia de tu naturaleza
de manera muy tuya, fue regando a su paso...
tu juventud vibrante, generosos tus brazos...
perseguías progreso, sin temor al fracaso.

¡Ay Julián! cuantas veces lo pienso.
¡Ay Julián! cuantas veces lo digo...
No alcanzo a comprender, por qué precipitaste
tus aguas misteriosas,
evaporándote en mística cascada
sobre aquel bosque que llamaste "Amigos".

Fuerte caudal que pudo llegar lejos
si hubieses comprendido la intención de esos ríos...
Y es cierto, que el impulso de los otros hermanos
se ha menguado a tu ausencia,
se ha formado en la cuenca un desvío,
doloroso remanso de quietud lacerante
donde no sopla el viento...
donde no se oyen ruidos...

Pero quizás hoy puedas llover sobre nosotros
e integrarte a las aguas del caudal de mi río...

TERCERA PARTE

El color del alma

En el universo mágico vivía el color Amarillo, el más perfecto color que jamás existió. Era feliz iluminando todo con sus brillantes tonalidades, hasta el día en que la lluvia dejó caer una gota convertida en prisma que desdobló su luz en prodigioso arcoíris. Cuando Amarillo comprendió que existían otros colores, comenzó a sentirse muy sola.

Esa noche, cuando apareció la estrella de los deseos, Amarillo le pidió un compañero. Y la estrella que habita en la oscuridad del universo infinito, en donde los colores desaparecen, sintió pena por Amarillo y decidió enviarle por compañero al más profundo Azul que habitaba el recóndito espacio.

Y juntos, Amarillo y Azul bailaron la danza que imagina la luz, convirtiéndose en colores que solo perciben los humanos. Fue un encuentro maravilloso, poderoso y cargado de energía… Azul y Amarillo se fundieron y nació el color Verde en la alborada.

Cuando Amarillo vio que ambos se habían convertido en un magnífico color Verde esmeralda, un solo color… pensó que nunca más estaría sola, y por mucho tiempo existieron felices los dos, inusitadamente expresando el nuevo y vistoso color.

A veces reflejaban tonos amarillentos y otras veces lucían profundos rasgos azules. Admirados por todos cuantos advertían el nuevo color, los expertos no alcanzaban a definirlo. Estaban fascinados por los versátiles tonos verdes, producto de la generosa entrega de los colores primarios.

Todo marchaba bien hasta que un día, Azul quiso volver a ser Azul y decidió tomar un camino separado. Amarillo se entristeció, se había acostumbrado a ser muchos tonos de Verde y Amarillo y comenzó a llorar pensando en la ausencia de su Azul.

Y lloró amargamente por largo rato, hasta el amanecer, cuando lánguidamente levantó su cabeza y quedó sorprendida al descubrir que sus lágrimas, chapoteaban en goterones multicolores descomponiendo la luz de la alborada.

Y en vez de soledad hubo alegría. Pudo dar vida por si misma a todos los colores… y, mientras más vertía de su esencia, más revitalizaba su insondable luz y más colores nacían…, con tenues tonos de Amarillo: Naranja, Rojo, Violeta, Añil… Y se sintió feliz en su transformación bajo el prisma del dolor.

Y todavía, desde el principio de los colores, esa luz continúa expresándose a través de cada ser humano.

Vemos haces de luz en consecuencia de las buenas obras y la gama de sentimientos que cobran vida en las personas que las reciben con aprecio. Nos invade la luz cuando reconocemos los valores interiores de cada ser humano. Vivimos dentro de la luz en la simplicidad de la entrega desmedida que transforma cualquier persona en un ser humano iluminado y superior.

Padre nuestro

Padre nuestro que estás en los cielos
siento la soledad dentro del alma,
al contemplar del mundo sus bajezas
busco de tu refugio, paz y calma.

Competencias, traiciones, maníaco egoísmo;
no alcanzo a comprender el mundo extraño,
indignada contemplo marañas e injusticias,
me aplasta la impotencia al no poder cambiarlo.

Aún más, ya no quisiera ser parte de esta especie
que desprecia y denigra a otros seres humanos,
recuerdo tus palabras divinas, repitiendo:
Siendo hijos de mi Padre, todos somos hermanos.

Personas indefensas mueren por todo el mundo
por hambre, por miseria, por engaños
mientras decimos que somos conscientes
y proclamamos que somos cristianos.

Estos conceptos sobre paz y guerra
me llenan de pavor, quiero explicarlo,
cuando decimos saber tus mandamientos
llevando destrucción en nuestras manos.

Me preocupa el lugar de la conciencia
al escuchar a los líderes creyentes
predicando de amor y de escrituras
sin importarles qué pasa con tu gente.

He visto con asombro y pesadumbre
que han erigido un templo al dios dinero,
indignado mi espíritu se inquieta,
llegar a tu presencia es cuanto anhelo.

Espero

Espero que nunca nadie
te haga sentir como
un zapato viejo…
que se expande y abriga
por confortar su dueño.

Hundiéndose en el lodo
y en los charcos helados,
a través del invierno
abrazando los pies,
entibiando y cubriendo
mitigando el impacto
del empedrado incierto.

Y luego arrinconado,
solitario, esperando…
en la esquina de un cuarto
anhelando en silencio
volver a ser usado
para servir al dueño.

Recordando otros tiempos,
cuando aún eran nuevos
pisando firmemente,
rozagantes, ligeros…
Recordando otros tiempos
de momentos tan buenos.

Zapatos que sirvieron
felices en su época
y quieren anhelantes
ser útiles de nuevo.

Y sentir las pisadas
… y con estas, aprecio,
sin temer al reemplazo
de otros zapatos nuevos…

En el fondo de mi alma
pido a Dios y esto espero…
que nunca nadie te haga sentir…
… como me haces sentir:
como un zapato viejo.

Soy

He sido mar de espumas que se aferra a las rocas,
abismo de tristezas engendrando amarguras,
lluvia insistente y fina en madrugadas frías...
He sido brisa suave, he sido luz de luna,
silencio lacerante,
peregrino sin rumbo
perdido entre colinas de soledad y dudas...

Inesperadamente llegaste a mí,
en tu abrazo
viví por vez primera y en tan solo un instante:
pasión, amor y entrega,
hambre devoradora de insaciables delicias...

En tu calor... soy fuego,
en tu presencia... risas,
resonar de campanas,
en tu cumbre...
arroyuelo que brota, en las alturas.
Entre besos y caricias aprendí a ser humana
y a amarte con locura.

Tú, solo tú

Oí tu voz…
y no necesité escuchar palabras,
coros angélicos repitieron a coro las notas
que, sin miedo,
fluían de tus labios
sitiando mis sentidos.

Creció en mí la nostalgia…
mis oídos
prendidos a esas ondas
cuan música divina…
tus palabras sinceras
alimentaron mi alma…
invadiste mis sueños…
con caricias sin manos,
despierta, te soñaba…
brotaron los anhelos…
dormida, sin saberlo,
¡mi cuerpo te deseaba!

Te materializaste en todos los sentidos:
sin nunca haberte visto,
sé que te conocía…
sin haberte tenido…
¡ya mi ser completabas!

Llegaste como llegan las lluvias en verano
y el sediento terreno
absorbió cuanto pudo…
Brotaron sentimientos,
sensaciones y lágrimas
y me quedé con hambre
y también satisfecha.

Descubrí que te amaba…
desde todos los siglos,
tu amor es mi alimento,
tus palabras mi calma
y vivo a cada instante
ansiando nuestro encuentro,
tu diáfana presencia…

Amor es mi esperanza
ser tuya un solo instante…
para toda la vida
¡aunando eternamente
nuestras almas!

Renovación

Lloviste sobre la sequedad de mis pastos…
regando sin saberlo siquiera… el terreno adusto
de mi vida yerma… descuidada… en quiebra.

En tu lluvia fresca se empapó el camino,
retoños surgieron… alegres, risueños,
solo el roce tierno de tu mano amiga
trajo mil promesas de un mañana pleno.

Vivir o morir

No quiero llegar a vivir cien años,
ansío ser la brisa que suavemente mece las flores,
quiero abrazar el planeta...
Quiero ser el viento
que empuja los veleros que se aventuran a la mar...

Quiero levantar las cometas
atadas por finas cuerdas
a las manos de pequeñuelos,
quiero hacerlos felices...
dejarlos soñar...,
hacerlos volar...

Quiero abrazar el árbol centenario
y suavemente acariciar sus ramas desgastadas por los años,
aunándome a sus brotes nuevos,
ser el manantial cristalino que juguetonamente
baja por la colina hasta el valle,
ser la lluvia torrencial de mayo...

Quiero estar entrelazada al rayo de sol
que despierta las ciudades cada mañana.
La misteriosa luz que besa los campos
en medio de la noche.

Quiero ser el velo que mansamente cubre
las montañas en diciembre...
El rocío sensual sobre el océano de narcisos
en los amaneceres de abril...
Convertirme en las estaciones que nunca
aprendieron la paradoja del tiempo...
Perdóname Señor, no me dejes vivir
y llegar a los cien años.

Mi abismo

Había un abismo en el
centro de mi pecho,
vacío, oscuro y frío,
mi vida, desprovista de
gozos, simplemente
cruzando por mi lado.

De repente... apareciste,
en un instante
se disipó el abismo,
el éxtasis
llenó el vacío
y el deleite resarció mi
alma, se apaciguó mi espíritu
... en un instante.

Sentí el toque de Dios a través
de las manos de un hombre...
¡Viví el calor de
Dios al calor de tu
cuerpo!

Envolviste mi vida de ternura
impensada,
tu fulgor desplazando
mi tristeza insondable
y me llené de vida
en aquel dulce instante.

Primor, pasión, fusión,
unión vivificante…
Entonces abrí mis ojos…
Hay un abismo
en el centro del alma.

Tu silencio, amor mío

El silencio, tu espada,
desgarran las
fibras de mi alma,
Tu silencio… extirpa mi dignidad
profanando las más íntimas
emociones —aun mientras duermo.

Silencio… crueldad en su más
sofisticada expresión
es el miedo a la entrega,
almacenando solo para sí mismo…
por siempre esperando hambruna y escasez
engendra resentimientos,
procrea desconfianza y
hay soledad aun en medio de las
multitudes.

Aún guardo
notas promisorias en recuerdos…
buenos tiempos dejados muy atrás…
Vacío inmenso en la profundidad del alma,
capaz de pensamiento… no obstante reducido…
por no poder soñar,
sempiterno en mi boca el amargo
sabor de tu traición
y juro

no permitir que nadie me hiera nuevamente…
¿… es esto acaso la sabiduría?
¡Cómo anhelo poder ser ignorante!,
primaria… desinhibida… desnuda…
Amar duele.

El precio a pagar por un momento
de inocencia y gozo
es tortura…
y aun así,
quiero sentir el acero
hender mi carne,
vivir la emoción
que tocan las manos del dolor…
sangrando hasta morir…
Quiero amar nuevamente.

Enamorada

Susurro tu nombre... y
el espacio infinito no se compara
al éxtasis de mi alma en espera.

Escucho tu voz...
y un millón de campanas
inician una canción de júbilo
que misteriosamente
envuelven el planeta
reverberando al infinito sideral.

Te veo...
verdad, entendimiento y compasión
se hacen tangibles ante mis ojos
revalidando en mi espíritu promesas
de buenos tiempos venideros.

Me tocas... y
... vivo en mi carne
.... en mi alma
la santidad del hombre,
empiezo a comprender
la magnitud de la eternidad:
¡... Me enamoro!

Nueva canción

He perdido la música en mis prosas,
nacida de dolores que perturban,
mustiamente moviendo en la memoria
el triste espectro de apariencia mustia.

Transparente y envuelto en blancas gasas
tratando de asomarse a mi conciencia,
como era su costumbre en otros tiempos
torturando, afligiendo en su indolencia.

Me resisto… soy fuerte en mis adentros,
flotando en esta paz que tú me has dado
doy gracias al Señor por encontrarte.
Amor que febrilmente presentía
habito en la quietud de aguas profundas
en ese amor sereno que me brindas.

¡Y VIVIERON FELICES!

Últimas obras publicadas por CBH Books

La editorial Cambridge BrickHouse, Inc.
ha creado el sello CBH Books
para apoyar la excelencia en la literatura.
Publicamos todos los géneros, en todos los idiomas
y en todas partes del mundo.
Publique su libro con CBH Books.
www.CBHBooks.com

De la presente edición:
Más allá de mí
por Lily Guzmán
producida por la casa editorial CBH Books
(Massachusetts, Estados Unidos),
año 2010.
Cualquier comentario sobre esta obra
o solicitud de permisos, puede escribir a:
Departamento de español
Cambridge BrickHouse, Inc.
60 Island Street
Lawrence, MA 01840, U.S.A.